*Our College Life*

# 私たちの
# 大学生活

—中国語、準中級から中級へ—

青野　英美 著

駿河台出版社
SURUGADAI SHUPPANSHA

## 音声について

本書の音声は、下記サイトより無料でダウンロード、
およびストリーミングでお聴きいただけます。

https://stream.e-surugadai.com/books/isbn978-4-411-03160-0/

＊ご注意
・PC からでも、iPhone や Android のスマートフォンからでも音声を再生いただけます。
・音声は何度でもダウンロード・再生いただくことができます。
・当音声ファイルのデータにかかる著作権・その他の権利は駿河台出版社に帰属します。
　無断での複製・公衆送信・転載は禁止されています。

装丁・本文デザイン：小熊未央

# はじめに

　本テキストは、初級中国語を１年間学んだ学習者を対象に、会話用の教材として作られたものです。主な登場人物は、日本人の学生二人と中国からの留学生一人です。大学生活の中で、日本人学生が留学生と交流する様々な場面を設定しています。また、学生にとって身近な話題を取り上げています。話し言葉でよく使う表現を重視し、準中級から中級へと無理なく進めるように配慮しました。

　本テキストの構成は、以下の通りです。

1. 课文　　　３人で会話する場面を多めに設定しました。他者の会話にどのように参加するか、また、どのように他者を自分たちの会話に参加させるかというコミュニケーションの仕方も同時に学べます。

2. 生词　　　本文中の新出語句と、「替換練習」で使う新出語句を分けて表示しています。

3. 替換練習　文法的な説明を避け、使い方を中心に説明しています。ポイントとなる表現を習得し、すぐ使えるように置き換え練習を設けています。よく使う表現を効率的に学習するために、ここでの新出語句は少なめにしています。

4. 问答练习　本文の内容に関する問答練習です。本文の内容を深く理解するために、学習者が質問を中国語に訳し、更に質問に答える練習をします。

5. 填空练习　本文中の言い方や表現をやや難しい内容の文に書き入れる練習です。HSK4級から５級の検定対策を意識しています。難しい単語を斜体字にし、日本語の意味も示しています。復習用の課題として活用して下さい。

　本テキストの学習を通じて、相手の話に素早く反応し、スムーズなコミュニケーションが実現できるように願っています。

　本テキストは２年間の試用期間に近藤光雄先生をはじめ、全民先生、蘆尤先生からご協力を頂きました。浜田ゆみ先生には日本語の見直し等でご尽力を賜りました。また、本テキストの出版にあたり、駿河台出版社の浅見忠仁さんから多大のサポートを頂きました。この場を借りて、厚く御礼申し上げます。

2023 年 1 月

著者

# 目　次

## 主人公

伊藤美恵　中国語専攻２年生

阿部佳奈　同上

王　　剛　上海からの留学生

　本テキストは大学２年生と上海から来た中国人留学生との交流を通じて起きるであろう様々な場面を想定して作ったものです。なるべく学生の生活に近い話題を取り上げています。

# 新朋友
xīn péngyou

新学期が始まり、新しい留学生が来ました。

🎧01

王刚： **你好！**
Nǐ hǎo!

阿部： **你好！你是留学生吗？**
Nǐ hǎo!　　Nǐ shì liúxuéshēng ma?

王刚： **对。我是从上海大学来的留学生。我叫王刚。**
Duì.　Wǒ shì cóng Shànghǎi Dàxué lái de liúxuéshēng.　Wǒ jiào Wáng Gāng.

阿部： **认识你很高兴。**
Rènshi nǐ hěn gāoxìng.

**我叫阿部佳奈，是中文专业二年级的学生。**
Wǒ jiào Ābù Jiānài,　　shì Zhōngwén zhuānyè èr niánjí de xuésheng.

王刚： **你中文发音真好啊！**
Nǐ Zhōngwén fāyīn zhēn hǎo a!

阿部： **哪里哪里，还差得远呢。你是什么时候来日本的？**
Nǎlǐ nǎlǐ,　　hái chàdeyuǎn ne.　Nǐ shì shénme shíhou lái Rìběn de?

王刚： **我是两个星期前来的。**
Wǒ shì liǎng ge xīngqī qián lái de.

阿部： **习惯了吗？**
Xíguàn le ma?

王刚： **差不多习惯了。日本生活很方便，环境也好。**
Chàbuduō xíguàn le.　　Rìběn shēnghuó hěn fāngbiàn,　huánjìng yě hǎo.

阿部： **是的。以后，请你给我们介绍一些中国的新鲜事儿，**
Shì de.　Yǐhòu,　　qǐng nǐ gěi wǒmen jièshào yìxiē Zhōngguó de xīnxiānshìr,

**可以吗？**
kěyǐ ma?

\* 伊藤さんが現れて \*

伊藤： 哎！ 阿部！ 好久不见了。
Āi! Ābù! Hǎojiǔ bú jiàn le.

阿部： 你来得正好。 我给你们介绍一下。 这位是新来的
Nǐ láide zhènghǎo. Wǒ gěi nǐmen jièshào yíxià. Zhè wèi shì xīn lái de

留学生王刚。她是我的同学， 叫伊藤美惠。
liúxuéshēng Wáng Gāng. Tā shì wǒ de tóngxué, jiào Yīténg Měihuì.

伊藤： 你好。 以后请多多指教。
Nǐ hǎo. Yǐhòu qǐng duōduō zhǐjiào.

王刚： 我日语说得还不好， 也请你们多多帮助。
Wǒ Rìyǔ shuōde hái bù hǎo, yě qǐng nǐmen duō duō bāngzhù.

阿部： 以后你教我们汉语， 我们教你日语。 怎么样？
Yǐhòu nǐ jiāo wǒmen Hànyǔ, wǒmen jiāo nǐ Rìyǔ. Zěnmeyàng?

伊藤 / 王刚： 太好了！ 一起努力吧！
Tài hǎo le! Yìqǐ nǔlì ba!

## 生词 🎧 02

| | | | | | | | | |
|---|---|---|---|---|---|---|---|---|
| 1 | 王刚 | Wáng Gāng | 王剛 | | 8 | 介绍 | jièshào | 紹介する |
| 2 | 阿部佳奈 | Ābù Jiānài | 阿部佳奈 | | 9 | 新鲜事儿 | xīnxiānshìr | 珍しいこと、変わっている事 |
| 3 | 伊藤美惠 | Yīténg Měihuì | 伊藤美惠 | | 10 | 正好 | zhènghǎo | ちょうど良い |
| 4 | 发音 | fāyīn | 発音 | | 11 | 指教 | zhǐjiào | 教えていただく、教示する、教え導く |
| 5 | 差得远 | chàdeyuǎn | 遠く及ばない | | 12 | 帮助 | bāngzhù | 助ける、手伝う |
| 6 | 差不多 | chàbuduō | たいして違わない、ほとんど同じである | | 13 | 教 | jiāo | 教える |
| 7 | 环境 | huánjìng | 環境 | | 14 | 努力 | nǔlì | 努力する、頑張る |

7

補充词语 🎧 03

- □ 毕业 bìyè：卒業する
- □ 运动 yùndòng：運動する
- □ 软件 ruǎnjiàn：ソフトウエア、アプリ
- □ 逛 guàng：（町などを）ぶらつく
- □ 太极拳 tàijíquán：太極拳
- □ 熟练 shúliàn：慣れる、使いこなす

⤰ 替换 练习

1 「**是…的**」すでに実現済みの行動をめぐって、その行動が発生した時間、場所、方法、手段などに焦点を当てて言うときに使う。

我　是　两个星期前来　**的**。

| 他 | 2001年出生 |
|---|---|
| ▶ 他们 ▶ | 中文专业毕业 |
| 我们 | 在语言文化交流中心认识 |

2 「**～を紹介してほしい**」というときに使う言い方。物事を説明してほしいときや仲介してほしいときにも使える。基本的に「介绍介绍 / 一下～」か「介绍＋数量＋名词」という形で使う。

请给我们介绍　一些中国的新鲜事儿。

| 一下这部作品的内容 |
|---|
| ▶ 几首好听的中国歌曲 |
| 一位太极拳老师 |

3 「**～するのがまだ満足な状態でない**」努力すれば満足な状態になる余地があるときに使う。

我　日语　说**得**　还　不好。

| 生词 | 记 | 不多 |
|---|---|---|
| ▶ 日本菜 ▶ | 做 ▶ | 不太好 |
| 这个软件 | 用 | 不熟练 |

## 📢 问答练习

本文の内容に基づいて次の問いを中国語に訳し、中国語で答えなさい。

1. 新しく来た留学生は何という名前ですか？

_____

2. 以前、王剛さんは伊藤さんと会ったことはありますか？

_____

3. 阿部さんと伊藤さんは何年生ですか？

_____

4. 阿部さんは中国語の発音はどうですか？

_____

5. 私は中国語の発音はまだまだダメですと言う。

_____

6. 今後彼らはどうやって勉強しますか？

_____

## 📖 填空练习

本文で習った単語や言い方を使って以下の文を完成させなさい。

1. _____，我正想去找你呢。

2. 对这样的事情我已经_____了。

3. 同学们_____都来了。

4. 我喜欢拉二胡，可是拉得_____。 　＊二胡を引く

5. 王老师，以后请您_____。

6. A：你中文歌唱得真好。

   B：您过奖了，还_____呢。 　＊褒めすぎる

# 选课
xuǎn kè

午前中の授業が終わり、昼休みになりました。

04

伊藤： 王刚，你怎么才下课啊？
Wáng Gāng, nǐ zěnme cái xiàkè a?

王刚： 我问了老师两个问题。
Wǒ wènle lǎoshī liǎng ge wèntí.

阿部： 怪不得这么晚。
Guàibude zhème wǎn.

王刚： 这个学期的课，你们都选好了吗？
Zhège xuéqī de kè, nǐmen dōu xuǎnhǎo le ma?

阿部： 基本上选好了。
Jīběnshang xuǎnhǎo le.

除了8门必修课以外，还有5门选修课。
Chúle 8 mén bìxiū kè yǐwài, háiyǒu 5 mén xuǎnxiū kè.

伊藤： 我和你差不多。
Wǒ hé nǐ chàbuduō.

阿部： 你们修多少学分？
Nǐmen xiū duōshao xuéfēn?

伊藤： 我修22个学分。你呢？
Wǒ xiū 22 ge xuéfēn. Nǐ ne?

王刚： 我20个。我想多听几门课，不要学分。
Wǒ 20 ge. Wǒ xiǎng duō tīng jǐ mén kè, bú yào xuéfēn.

阿部： 真了不起！
Zhēn liǎobuqǐ!

王刚： 哪里哪里。欸，你们哪天比较空？
Nǎlǐ nǎlǐ. Éi, nǐmen nǎtiān bǐjiào kòng?

伊藤： 我星期五课少。只有第二节的综合课。
Wǒ xīngqīwǔ kè shǎo.　　Zhǐyǒu dì-èr jié de zōnghé kè.

阿部： 我星期五课也不多。
Wǒ xīngqīwǔ kè yě bù duō.

第二节是作文课，第四节是英语课。
Dì-èr jié shì zuòwén kè,　　dì-sì jié shì Yīngyǔ kè.

王刚： 那，咱们每个星期五的第三节一起学习，怎么样？
Nà,　zánmen měige xīngqīwǔ de dì-sān jié yìqǐ xuéxí,　　zěnmeyàng?

伊藤： 好啊！对了，你加我们的 LINE 吧。有事好联系。
Hǎo a!　Duìle,　nǐ jiā wǒmen de LINE ba.　Yǒu shì hǎo liánxì.

王刚： 好。这是我的二维码，请你扫一下。
Hǎo.　Zhè shì wǒ de èrwéimǎ,　qǐng nǐ sǎo yíxià.

## 生词 🎧 05

| | | | |
|---|---|---|---|
| 1 | 怪不得 | guàibude | 道理で～だ、～するのも無理はない |
| 2 | 学期 | xuéqī | 学期 |
| 3 | 选 | xuǎn | 選ぶ |
| 4 | 基本上 | jīběnshang | 主に、たいてい、基本的に |
| 5 | 门 | mén | 学科、技術などを数える量詞 |
| 6 | 必修课 | bìxiū kè | 必修の授業 |
| 7 | 选修课 | xuǎnxiū kè | 選択履修する授業 |
| 8 | 学分 | xuéfēn | 履修単位 |
| 9 | 了不起 | liǎobuqǐ | 素晴らしい、すごい |
| 10 | 比较 | bǐjiào | 比較的～、わりと、比較する |
| 11 | 综合课 | zōnghé kè | 総合の授業 |
| 12 | 加 | jiā | 加える、加入する |
| 13 | 二维码 | èrwéimǎ | QR コード |
| 14 | 扫 | sǎo | （スマホや手などを）かざす、掃く |

## 补充词语 🎧 06

□ 告诉 gàosu：伝える、教える　　□ 便宜 piányi：値段が安い　　□ 饮料 yǐnliào：飲み物

🔀 替 換 练 习

1 「道理で～だ。」聞いたことや見たことに納得し、それについて一言評価するときに使う。

**怪不得** 这么晚。

> 这么便宜
> 她今天没来
> 你说得这么好

2 「～のほか、～もある／～もする。」「A のほか、B もある／B もする。」一般的に、A は知られている状況、B は知られていない、または、特に補充的に説明する必要がある状況の場合に使う。

**除了**8门必修课 **以外，还** 有5门选修课。

> 去北京
> 学习汉语
> 8名高中生

> 去上海
> 学习英语
> 有7名初中生

3 「～が比較的～ですか。」ある種の物事の中で何が比較的理想的な状態か聞くときによく使う。

哪天 **比较** 空？

> 几点
> 哪种饮料
> 什么样的工作

> 好
> 好喝
> 好找

## 🗣 问答练习

本文の内容に基づいて次の問いを中国語に訳し、中国語で答えなさい。

1. 彼らは何について話していますか？

   ............................................................................................

2. 伊藤さんは何単位を履修しますか？

   ............................................................................................

3. 王剛さんと伊藤さんはどちらが履修する単位が多いですか？

   ............................................................................................

4. 阿部さんは金曜日に何の授業がありますか？

   ............................................................................................

5. 伊藤さんは金曜日の2限に何の授業がありますか？

   ............................................................................................

6. 彼らはいつ一緒に勉強しますか？

   ............................................................................................

## 📖 填空练习

本文で習った単語や言い方を使って以下の文を完成させなさい。

1. 他的个子和你..................................................。

2. 中文必修课中，哪门课...............轻松？　　　　　　＊らく、リラックス

3. 我的*报告*...............写好了。　　　　　　　　　　　＊レポート

4. A：听说他小学是在美国上的。

   B：...............他英语说得那么好！

5. 第3节课都下课了。你怎么...............吃午饭？

6. A：阿部每天...............给自己做*便当*以外，...............给妈妈做便当。

   　　　　　　　　　　　　　　　　　　　　　　　　　　＊お弁当

   B：真的？...............！

13

# 生日会
shēngrì huì

今日は伊藤さんの誕生日です。

**阿部、王刚：** 伊藤，生日快乐！
Yīténg, shēngrì kuàilè!

**伊藤：** 你们记得我的生日啊？
Nǐmen jìde wǒ de shēngrì a?

**王刚：** 我是听阿部说的。
Wǒ shì tīng Ābù shuō de.

**阿部：** 这是我做的小蛋糕。一起吃吧。
Zhè shì wǒ zuò de xiǎo dàngāo. Yìqǐ chī ba.

**伊藤：** 谢谢你！没想到你还会做蛋糕。
Xièxie nǐ! Méi xiǎngdào nǐ hái huì zuò dàngāo.

**王刚：** 这是我从中国带来的中国结。
Zhè shì wǒ cóng Zhōngguó dàilái de Zhōngguójié.

不知道你喜欢不喜欢。
Bù zhīdào nǐ xǐhuan bù xǐhuan.

**伊藤：** 真漂亮！这个颜色我也喜欢。谢谢你们！
Zhēn piàoliang! Zhège yánsè wǒ yě xǐhuan. Xièxie nǐmen!

**阿部：** 二十岁的生日应该好好儿庆祝一下！
Èrshí suì de shēngrì yīnggāi hǎohāor qìngzhù yíxià!

对了，成人节你回老家吗？
Duìle, chéngrénjié nǐ huí lǎojiā ma?

**伊藤：** 回去。我盼着穿宽袖和服呢。
Huíqu. Wǒ pànzhe chuān kuānxiù héfú ne.

**王刚：** 你穿什么颜色的？
Nǐ chuān shénme yánsè de?

伊藤： 蓝色的。欸？ 中国也有成人节吗？
Lánsè de. Éi? Zhōngguó yě yǒu chéngrénjié ma?

王刚： 没有法定的节日。跟日本不一样。
Méi yǒu fǎdìng de jiérì. Gēn Rìběn bù yíyàng.

伊藤： 噢，是这样啊。
Ō, shì zhèyàng a.

王刚： 听说满二十岁就可以喝酒了，是吗？
Tīngshuō mǎn èrshí suì jiù kěyǐ hē jiǔ le, shì ma?

伊藤： 是啊。不过，现在咱们还是先吃蛋糕吧！
Shì a. Búguò, xiànzài zánmen háishi xiān chī dàngāo ba!

阿部、王刚： ♬♪祝你生日快乐♪♬
Zhù nǐ shēngrì kuàilè

## 生词  08

| 1 | 快乐 | kuàilè | （お祝いのあいさつで）おめでとう、楽しい |
|---|---|---|---|
| 2 | 蛋糕 | dàngāo | ケーキ |
| 3 | 中国结 | Zhōngguójié | 中国結び（民間伝統工芸品） |
| 4 | 颜色 | yánsè | 色 |
| 5 | 蓝色 | lánsè | 青色、ブルー、紺色 |
| 6 | 应该 | yīnggāi | ～べきである、～のはずである |
| 7 | 庆祝 | qìngzhù | （みんなで）祝う |
| 8 | 成人节 | chéngrénjié | 成人の日 |
| 9 | 盼着 | pànzhe | 待ち望む、楽しみにしている |
| 10 | 宽袖和服 | kuānxiù héfú | 振袖の和服 |
| 11 | 法定节日 | fǎdìng jiérì | 法律に定められている祝祭日 |
| 12 | 还是 | háishi | （希望・提案・提示を示す）やはり～する方が良い、～しなさい |

## 补充词语 09

□ 同意 tóngyì：同意する
□ 放暑假 fàng shǔjià：夏休みになる
□ 开始 kāishǐ：始まる
□ 发工资 fā gōngzī：給料を支払う
□ 通车 tōngchē：（道路など）開通する、運転開始
□ 免费 miǎnfèi：無料

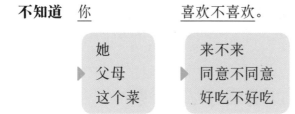

# 替换练习

1. 「〜かどうかわからない（けれど）。」事情はどちらなのか分からないときに用いる。

**不知道** <u>你</u> <u>喜欢不喜欢</u>。

▶ 她　　　　　▶ 来不来
父母　　　　　同意不同意
这个菜　　　　好吃不好吃

2. 「〜するのを楽しみにしている。」「盼着」の後続に名詞のみでは文は成立しない。

**我盼着** <u>穿</u> <u>宽袖和服</u> **呢**。

▶ 发　　　　　▶ 工资
放　　　　　暑假
去　　　　　中国留学

3. 「〜だそうですね？」聞いたことを確かめるときに使う。疑問口調で言うことが多い。

**听说** <u>满二十岁就可以喝酒了</u>？

▶ 八点以后才能通车
中国的大学生一般都住在大学里
中国的妇女被称为"半边天"

## 问答练习

**本文の内容に基づいて次の問いを中国語に訳し、中国語で答えなさい。**

1. 今日は誰の誕生日ですか？　何歳になりましたか？

   ........................................................................................

2. 阿部さんは伊藤さんに何を作りましたか？

   ........................................................................................

3. 王剛さんは伊藤さんにプレゼントをしましたか？

   ........................................................................................

4. 王剛さんは日本でプレゼントを買ったのですか？

   ........................................................................................

5. 伊藤さんは成人式に何を着ますか？

   ........................................................................................

6. 日本の成人の日はいつですか？　中国にも成人式はありますか？

   ........................................................................................

## 填空练习

**本文で習った単語や言い方を使って以下の文を完成させなさい。**

1. 我现在就.........................早点儿放暑假。

2. 这件事你是.................谁.................的？

3. 你还.................你的小学老师吗？

4. .................他已经考上 HSK 五级了。

5. 今天的比赛咱们得了第一名，应该.................。　＊1位

6. 这个周末我想请你去看电影，.................你有没有时间。

7. 这么多作业在学校做不完。我觉得咱们.................先回家吧。

# 去中华街
qù Zhōnghuájiē

横浜の中華街へ遊びに行きます。

(駅で待ち合わせ。)

伊藤：真不好意思。让你们久等了。
Zhēn bù hǎoyìsi.　　Ràng nǐmen jiǔděng le.

王刚："来得早不如来得巧"。你来得正好。
"Láide zǎo bùrú láide qiǎo".　　Nǐ láide zhènghǎo.

伊藤：从这儿到横滨要多长时间？
Cóng zhèr dào Héngbīn yào duōcháng shíjiān?

阿部：大概要一个半小时左右。在东京站倒一次车。
Dàgài yào yí ge bàn xiǎoshí zuǒyòu.　　Zài Dōngjīng Zhàn dǎo yí cì chē.

王刚：挺方便的。
Tǐng fāngbiàn de.

(中華街に到着。)

伊藤：中华街人可真多啊！这就是牌楼啊？
Zhōnghuájiē rén kě zhēn duō a!　　Zhè jiù shì páilou a?

王刚：是啊。这座牌楼真有气势！
Shì a.　　Zhè zuò páilou zhēn yǒu qìshì!

阿部：说中文的游客不少啊。简直就像在中国一样。
Shuō Zhōngwén de yóukè bù shǎo a.　　Jiǎnzhí jiù xiàng zài Zhōngguó yíyàng.

王刚：咱们先去关帝庙吧。
Zánmen xiān qù guāndìmiào ba.

阿部：行。然后去算算命。
Xíng.　　Ránhòu qù suànsuanmìng.

伊藤：好啊！欸，那儿有写美术字的。咱们去看看吧。
Hǎo a!　　Éi,　　nàr yǒu xiě měishùzì de.　　Zánmen qù kànkan ba.

阿部： 哇！ 真是 "龙飞凤舞" 啊！ 写得真漂亮。
Wā! Zhēn shì "lóng fēi fèng wǔ" a! Xiěde zhēn piàoliang.

王刚： 你们看， 这个店里有好多中国点心。
Nǐmen kàn, zhège diànli yǒu hǎo duō Zhōngguó diǎnxin.

伊藤： 看起来都很好吃。 哎呀， 我都有点儿饿了。
Kànqǐlai dōu hěn hǎochī. Āiyā, wǒ dōu yǒudiǎnr è le.

王刚： 那， 拜完关帝庙先吃饭， 怎么样？
Nà, bàiwán guāndìmiào xiān chī fàn, zěnmeyàng?

阿部： 好啊。 那就别东张西望了。 快走吧。
Hǎo a. Nà jiù bié dōng zhāng xī wàng le. Kuài zǒu ba.

## 生词 🎧11

| | | | |
|---|---|---|---|
| 1 | 来得巧 | láide qiǎo | ちょうど良いところに来る |
| 2 | 横滨 | Héngbīn | 横浜 |
| 3 | 大概 | dàgài | 概ね、多分 |
| 4 | 挺～的 | tǐng ～ de | 結構～だ、わりと～だ |
| 5 | 倒（车） | dǎo(chē) | 乗り換える |
| 6 | 中华街 | Zhōnghuájiē | 中華街 |
| 7 | 牌楼 | páilou | 町の観光名所などに建てられる屋根付きのアーチ形建造物 |
| 8 | 气势 | qìshì | （人や事物に表れた）勢い、気勢、雰囲気 |
| 9 | 简直 | jiǎnzhí | まるで～、まったく～ |
| 10 | 关帝庙 | guāndìmiào | 三国時代の蜀の武将関羽を祭った廟 |
| 11 | 算命 | suànmìng | 運命を占う、運命判断をする |
| 12 | 美术字 | měishùzì | 装飾用文字、デザイン文字 |
| 13 | 龙飞凤舞 | lóng fēi fèng wǔ | 竜が飛び鳳が舞う〈喩〉書道で筆に勢いがあり生き生きとしているさま |
| 14 | 点心 | diǎnxin | 菓子、軽食 |
| 15 | 拜 | bài | 拝む、参拝する |
| 16 | 东张西望 | dōng zhāng xī wàng | きょろきょろ見回す |

## 补充词语 🎧12

□ 地铁 dìtiě：地下鉄　　　　□ 公交车 gōngjiāochē：バス　　　　□ 山手线 Shānshǒu Xiàn：山手線

□ 做梦 zuòmèng：夢を見る　　□ 塌 tā：崩れ落ちる

替换练习

1 「〜で…に乗り換える。」

**在**东京站　**倒**　一次车。

> 地铁
> 公交车
> 山手线

2 「（何か）が〜結構…だ。」「何かが〜結構〜だ。」主観的に高い程度を表す。

人　　挺　　多　　的。

> 今天
> 最近
> 麻婆豆腐

> 热
> 忙
> 好吃

3 「まるで〜と同じ / 〜のようだ。」と誇張的に言うときに使う。

**简直就像**　在中国　一样。

> 妈妈
> 做梦
> 天塌下来了

## 问答练习

本文の内容に基づいて次の問いを中国語に訳し、中国語で答えなさい。

1. 彼ら三人の中で、誰が最後に来たのですか？

   _____

2. 横浜まで乗り換えは必要ですか？　どこで乗り換えますか？

   _____

3. 中華街で最初に見たのは何ですか？

   _____

4. 関帝廟へ行く途中に何を見ましたか？

   _____

5. 「龙飞凤舞」とはどういう意味ですか？

   _____

6. 彼らはいつご飯を食べますか？

   _____

## 填空练习

本文で習った単語や言い方を使って以下の文を完成させなさい。

1. 4号馆的101教室 _____ 大呀！能坐三百多个学生。

2. 从我家到学校不用换车，_____ 的。

3. 给你们添麻烦了。_____ 。　　　　　　　　　＊迷惑をかける

4. 小明上课不认真，总是 _____ 的。　　　　　　＊真面目である

5. 日本人对待宠物 _____ 对待自己的孩子一样。　＊ペットに対して

6. A：有炒面、炒饭、水饺，你想吃什么？

   B：_____ 都挺好吃的。三选一的话，我还是吃水饺吧。　＊三つから一つ選ぶ

# 社团活动
shètuán huódòng

伊藤さんも阿部さんも活動に励んでいます。王剛さんは？

阿部： 哎呀！ 累死了！
Āiyā!    Lèisǐ le!

伊藤： 又练习草裙舞了？
Yòu liànxí cǎoqúnwǔ le?

阿部： 可不是！ 下周五公演。 这个周末也得练习。
Kěbushì!    Xià zhōu-wǔ gōngyǎn.  Zhège zhōumò yě děi liànxí.

王刚： 很辛苦啊。欸？ 伊藤， 听说你们社团每年
Hěn xīnkǔ a.    Éi?    Yīténg,    tīngshuō nǐmen shètuán měinián

文化节都演中文剧？
wénhuàjié dōu yǎn Zhōngwénjù?

伊藤： 是啊。下个星期一开会讨论今年演什么。
Shì a.    Xià ge xīngqīyī kāihuì tǎolùn jīnnián yǎn shénme.

王刚： 这么早就开始准备？
Zhème zǎo jiù kāishǐ zhǔnbèi?

伊藤： 早点儿准备练习的时间能多一些。
Zǎo diǎnr zhǔnbèi liànxí de shíjiān néng duō yìxiē.

王刚： 我觉得你们的大学生活很充实啊。
Wǒ juéde nǐmen de dàxué shēnghuó hěn chōngshí a.

阿部： 你没加入社团吗？
Nǐ méi jiārù shètuán ma?

王刚： 我加入了留学生会。 但是没有什么活动。
Wǒ jiārùle liúxuéshēng huì.    Dànshì méiyǒu shénme huódòng.

伊藤： 真的？ 那...能不能拜托你一件事？
Zhēnde?    Nà ... néng bu néng bàituō nǐ yí jiàn shì?

王刚： **什么事？**
Shénme shì?

伊藤： **指导我们演中文剧。**
Zhǐdǎo wǒmen yǎn Zhōngwénjù.

王刚： **演剧我是外行，更别提指导了。**
Yǎnjù wǒ shì wàiháng, gèng bié tí zhǐdǎo le.

伊藤： **你给我们纠正发音就行。**
Nǐ gěi wǒmen jiūzhèng fāyīn jiù xíng.

王刚： **那好吧。其实，我最拿手的是…当观众。**
Nà hǎo ba. Qíshí, wǒ zuì náshǒu de shì … dāng guānzhòng.

## 生词 🎧14

| | | | |
|---|---|---|---|
| 1 | 社团 | shètuán | サークルや部活 |
| 2 | 累 | lèi | 疲れている |
| 3 | 草裙舞 | cǎoqúnwǔ | フラダンス |
| 4 | 公演 | gōngyǎn | 公演 |
| 5 | 文化节 | wénhuàjié | 文化祭 |
| 6 | 开会 | kāihuì | 会議を開く、会議に参加する |
| 7 | 讨论 | tǎolùn | 話し合う、討論する |
| 8 | 准备 | zhǔnbèi | 準備する、備え、〜するつもりである |
| 9 | 觉得 | juéde | 感じる、〜と思う、〜のような気がする |
| 10 | 充实 | chōngshí | 充実している、盛りだくさんである |
| 11 | 拜托 | bàituō | お願いする、お頼みする |
| 12 | 外行 | wàiháng | 経験がない、素人 |
| 13 | 别提〜了 | biétí 〜 le | とんでもない、話にならない |
| 14 | 指导 | zhǐdǎo | 指導する |
| 15 | 纠正 | jiūzhèng | 間違いを直す、訂正する |
| 16 | 拿手 | náshǒu | 得意である、おはこである |
| 17 | 观众 | guānzhòng | 観客 |

## 补充词语 🎧15

☐ 小孩儿 xiǎoháir：子ども　　☐ 午觉 wǔjiào：昼寝　　☐ 年轻 niánqīng：若い

1 「**こんなに～なのにもう…するのですか。**」ある事態を聞いたり見たりした後いくらか意外
と感じるときの確認に使う。

这么　　早　**就**　　开始准备　**了**？

▶ 快
小
年轻

▶ 吃完
去留学
结婚

2 「**～も（満足な状態では）ないのに、…ときたら言うまでもない。**」 後節は「**～できるわ
けがない。**」という否定的な表現になる。

演剧我是外行，　　**更别提**　　指导　　**了**。

▶ 大人都不会
连女朋友都没有呢
吃午饭的时间都没有

▶ 小孩儿
结婚
睡午觉

3 「**～だけすれば良い。**」一つだけまたは基本的なことだけさえすれば良いと言うときに使う。

你　给我们纠正发音　**就行**。

▶ 来参加
别忘了
把东西买来

## 问答练习

**本文の内容に基づいて次の問いを中国語に訳し、中国語で答えなさい。**

1. 阿部さんは何のサークルに所属していますか？

   ......................................................................................

2. 伊藤さんのサークルは文化祭に何をやりますか？

   ......................................................................................

3. 文化祭は来週ですか？

   ......................................................................................

4. 伊藤さんたちは来週の月曜日に何をしますか？

   ......................................................................................

5. 王剛さんは伊藤さんたちのために何を手伝いますか？

   ......................................................................................

6. 王剛さんは日本の大学生の生活をどのように思っていますか？

   ......................................................................................

## 填空练习

**本文で習った単語や言い方を使って以下の文を完成させなさい。**

1. 他连咖喱饭都不会做，........................蛋包饭了。　　　＊カレー　＊オムライス

2. 我们想........................您一件事。可以吗？

3. 哎呀，急........................了！公交车怎么还不来呀！

4. A：今天你三节课都有考试？

   B：........................！不过第二节是口语课，没有笔试。　　　＊筆記試験

5. 这次活动只要同学们高兴........................。　　　＊イベント、活動

6. A：你怎么........................就吃午饭了？

   B：今天早上我没吃早饭。

# 在药妆店打工
zài yàozhuāngdiàn dǎgōng

> 伊藤さんがアルバイトをしている店に中国人のお客さんが来ました。

16

伊藤： 欢迎光临。 您好！
Huānyíng guānglín. Nín hǎo!

顾客： 不好意思， 我想问一下， 你们店可以退税吧？
Bù hǎoyìsi, wǒ xiǎng wèn yíxià, nǐmen diàn kěyǐ tuìshuì ba?

伊藤： 可以。
Kěyǐ.

顾客： 谢谢！ 我先看看化妆品。
Xièxie! Wǒ xiān kànkan huàzhuāngpǐn.

伊藤： 在这边。 有的品牌有试用品， 您可以试一下。
Zài zhèbiān. Yǒude pǐnpái yǒu shìyòngpǐn, nín kěyǐ shì yíxià.

顾客： 好。 还有…我的朋友让我给她买点儿染发料，
Hǎo. Háiyǒu…wǒ de péngyou ràng wǒ gěi tā mǎi diǎnr rǎnfàliào,

你看哪种比较好？
nǐ kàn nǎzhǒng bǐjiào hǎo?

伊藤： 染发料种类很多。 这个牌子的很受欢迎。
Rǎnfàliào zhǒnglèi hěn duō. Zhège páizi de hěn shòu huānyíng.

顾客： 是吗。 那我多买两盒。 我还想看看保健品。
Shì ma. Nà wǒ duō mǎi liǎng hé. Wǒ hái xiǎng kànkan bǎojiànpǐn.

伊藤： 保健品在那边。 种类很多， 您慢慢儿选吧。
Bǎojiànpǐn zài nàbiān. Zhǒnglèi hěn duō, nín mànmànr xuǎn ba.

＊ レジで ＊

顾客： 刚才谢谢你推荐染发料。
Gāngcái xièxie nǐ tuījiàn rǎnfàliào.

伊藤： 不客气。 一共是三万二千八百五十日元。
Bú kèqi. Yígòng shì sān wàn èr qiān bā bǎi wǔ shí rìyuán.

您用支付宝吗？
Nín yòng Zhīfùbǎo ma?

顾客： 对。 这个我想送人， 能不能包起来？
Duì. Zhège wǒ xiǎng sòngrén, néng bu néng bāoqǐlai?

伊藤： 有免费包装和收费包装，您要哪种？
Yǒu miǎnfèi bāozhuāng hé shōufèi bāozhuāng, nín yào nǎzhǒng?

顾客： 我要免费包装。
Wǒ yào miǎnfèi bāozhuāng.

伊藤： 退税手续请您去二楼办理。
Tuìshuì shǒuxù qǐng nín qù èr lóu bànlǐ.

要看一下您的护照， 还要请您签个名。
Yào kàn yíxià nín de hùzhào, hái yào qǐng nín qiān ge míng.

顾客： 知道了。 谢谢！
Zhīdao le. Xièxie!

## 生词 🎧17

| | | | | |
|---|---|---|---|---|
| 1 | 药妆店 | yàozhuāngdiàn | ドラッグストア |
| 2 | 退税 | tuì shuì | 税金を払い戻す、税金の払い戻し |
| 3 | 化妆品 | Huàzhuāngpǐn | 化粧品 |
| 4 | 品牌 | pǐnpái | ブランド、ブランド品 |
| 5 | 试用品 | shìyòngpǐn | 試用品、テスター |
| 6 | 染发料 | rǎnfàliào | 毛染め |
| 7 | 种类 | zhǒnglèi | 種類 |
| 8 | 牌子 | páizi | マーク、商標、ブランド |
| 9 | 保健品 | bǎojiànpǐn | 健康食品、サプリメント |
| 10 | 推荐 | tuījiàn | 推薦する、薦める |
| 11 | 支付宝 | Zhīfùbǎo | アリペイ（アリババグループが提供するQRコードを使ったスマホ決済サービス） |
| 12 | 送人 | sòngrén | 人に贈る |
| 13 | 收费 | shōufèi | 有料 |
| 14 | 手续 | shǒuxù | 手続き |
| 15 | 办理 | bànlǐ | （手続きなどを）する |

□ 校车 xiàochē：スクールバス　　□ 错误 cuòwù：誤り、間違い

□ 奥运会 Àoyùnhuì：オリンピック　　□ 巴黎 Bālí：パリ　　□ 举行 jǔxíng：大会などを行う

## 替换练习

1　「ある～は～だ。」（全体に対して）一部の人や物事について述べるときに使う。

**有的**　品牌　　有试用品。

| ▶ | 人 | ▶ | 不喜欢熊猫 |
|---|---|---|---|
| | 学校 | | 没有校车 |
| | 地方 | | 有错误 |

2　「～は私に～するよう言う。」依頼や要請を受けて～をする。

我的朋友　**让我**　给她买点儿染发料。

| ▶ | 我妈 | ▶ | 帮她做饭 |
|---|---|---|---|
| | 王刚 | | 去他家吃饭 |
| | 老师 | | 明天交作业 |

3　「～は（ある場所）で…する（行われる）。」動作が行われる場所を表す。

退税手续　**在**　二楼办理。

| ▶ | 明天的课 | ▶ | 201教室上 |
|---|---|---|---|
| | 今天的晚饭 | | 外面吃 |
| | 2024年的奥运会 | | 巴黎举行 |

## 🗨 问答练习

**本文の内容に基づいて次の問いを中国語に訳し、中国語で答えなさい。**

1. 伊藤さんはどこでアルバイトをしていますか？

   ........................................................................................................................

2. 伊藤さんはお客さんに何を薦めましたか？

   ........................................................................................................................

3. お客さんはどんなものを買いたがっていますか？

   ........................................................................................................................

4. お客さんは合計でいくらの買いものをしましたか？

   ........................................................................................................................

5. お客さんは有料包装にしますか、それとも無料包装にしますか？

   ........................................................................................................................

6. 税金を払い戻す手続きはどこでやりますか？

   ........................................................................................................................

## 📖 填空练习

**本文で習った出た単語や言い方を使って以下の文を完成させなさい。**

1. 伊藤 ................ 我 ................ 她复印一份资料。　　　＊コピーする

2. 这种饼干今天打8折，我 ................ 买两盒。　　　＊ビスケット　＊2割引き

3. 这种防晒霜很好，你 ................ 试一试。　　　＊日焼け止め

4. 这篇文章我看了三遍了， ................ 地方还是不明白是什么意思。

5. A：这是我想送人的礼物， ................ ?

   B：包装纸有红色的和蓝色的， ................ ?

# 暑假计划
shǔjià jìhuà

もうすぐ夏休みです。二人はそれぞれの予定について話しています。

🎧 19

阿部： 王刚，暑假你回国吗？
Wáng Gāng, shǔjià nǐ huíguó ma?

王刚： 不回国。
Bù huíguó.

听说北海道的夏天很好，我想去北海道看看。你呢？
Tīngshuō Běihǎidào de xiàtiān hěn hǎo, wǒ xiǎng qù Běihǎidào kànkan. Nǐ ne?

阿部： 我打算和我姐姐一起去中国旅游。现在在办护照呢。
Wǒ dǎsuàn hé wǒ jiějie yìqǐ qù Zhōngguó lǚyóu. Xiànzài zài bàn hùzhào ne.

王刚： 你们想去哪儿？
Nǐmen xiǎng qù nǎr?

阿部： 北京、西安、上海我都想去。你说我们先去哪儿好？
Běijīng、 Xī'ān、 Shànghǎi wǒ dōu xiǎng qù. Nǐ shuō wǒmen xiān qù nǎr hǎo?

王刚： 我觉得先去西安，然后去北京，最后去上海比较好。
Wǒ juéde xiān qù Xī'ān, ránhòu qù Běijīng, zuìhòu qù Shànghǎi bǐjiào hǎo.

阿部： 为什么？
Wèishénme?

王刚： 因为那样能感受到中国从古到今的发展历史。
Yīnwèi nàyàng néng gǎnshòudào Zhōngguó cóng gǔ dào jīn de fāzhǎn lìshǐ.

阿部： 嗯，有道理，好主意！
Ǹg, yǒu dàolǐ, hǎo zhúyi!

王刚： 对了，在中国打车时最好用打车软件。
Duìle, zài Zhōngguó dǎchē shí zuìhǎo yòng dǎchē ruǎnjiàn.

有这个很方便。
Yǒu zhège hěn fāngbiàn.

阿部: **在日本能下载吗？**
Zài Rìběn néng xiàzǎi ma?

王刚: **好像可以吧。我给你查查。**
Hǎoxiàng kěyǐ ba. Wǒ gěi nǐ chácha.

**你看，这个就是，点进去就可以了。**
Nǐ kàn, zhège jiù shì, diǎnjìnqu jiù kěyǐ le.

阿部: **谢谢你。其实，我最担心的是听不懂中文。**
Xièxie nǐ. Qíshí, wǒ zuì dānxīn de shì tīngbudǒng Zhōngwén.

王刚: **你不是喜欢用翻译软件吗？关键时刻可以用啊？**
Nǐ bú shì xǐhuan yòng fānyì ruǎnjiàn ma? Guānjiàn shíkè kěyǐ yòng a?

阿部: **哈哈，就怕关键时刻不灵啊！**
Hāhā, jiù pà guānjiàn shíkè bù líng a!

## 生词 🎧20

| | | | | | | | |
|---|---|---|---|---|---|---|---|
| 1 | 计划 | jìhuà | 計画、計画を立てる | 10 | 打车 | dǎchē | タクシーに乗る、タクシーを呼ぶ |
| 2 | 夏天 | xiàtiān | 夏 | 11 | 软件 | ruǎnjiàn | ソフトウエア、アプリ |
| 3 | 办护照 | bàn hùzhào | パスポートを申請する | 12 | 下载 | xiàzǎi | ダウンロードする |
| 4 | 然后 | ránhòu | その後、それから | 13 | 好像可以 | hǎoxiàng kěyǐ | (推測で)できるようだ |
| 5 | 最后 | zuìhòu | 最後、最終 | 14 | 查 | chá | 検査する、調査する、調べる |
| 6 | 感受 | gǎnshòu | (影響を)受ける、感じる(こと) | 15 | 点进去 | diǎnjìnqu | タップして入る、クリックして開く |
| 7 | 发展 | fāzhǎn | 発展、発展する | 16 | 关键时刻 | guānjiàn shíkè | 肝心なとき |
| 8 | 历史 | lìshǐ | 歴史 | 17 | 灵 | líng | 賢い、素早い、効き目がある、有効だ |
| 9 | 好主意 | hǎo zhúyi | しっかりした良い意見、グッドアイディア | | | | |

□ 化妆 huàzhuāng：化粧をする　　□ 换衣服 huàn yīfu：着替える
□ 丢东西 diū dōngxi：ものを無くす　　□ 演唱会 yǎnchànghuì：コンサート

## ⤭ 替换练习

1　「～をしてから～をしたら良い。」物事を行う順番について、意見を言うときやアドバイスをするときに使う。

我觉得**先**　去西安，　**然后**去北京，**最后**　去上海　**比较好**。

| | | |
|---|---|---|
| 选礼物 ▶ 做作业 吃早饭 | ▶ 去吃饭 看电影 化妆 | ▶ 唱卡拉 OK 买东西 换衣服 |

2　「一番心配なのは～だ。」一番心配していることを強調する。

我**最担心的是**　听不懂中文。

| |
|---|
| 丢东西 ▶ 找不到男朋友 买不着演唱会的票 |

3　「肝心なときに～するのが心配なんだよ。」肝心なときに失敗したり、不運な事態が起りそうだという心配を強調する表現。

**就怕关键时刻**　不灵　啊！

| |
|---|
| 忘了 ▶ 说不出来 没有人帮助 |

## 问答练习

**本文の内容に基づいて次の問いを中国語に訳し、中国語で答えなさい。**

1. 王剛さんは夏休みにどこへ行くつもりですか？

   .................................................................................................................

2. 誰が中国へ旅行に行きたいですか？　誰と一緒に行きますか？

   .................................................................................................................

3. 阿部さんたちはどういった都市に行きたいですか？

   .................................................................................................................

4. 王剛さんは先にどこへ行ったほうがいいと薦めましたか？
   どうしてですか？

   .................................................................................................................

5. 中国でタクシーに乗るときに何があると便利ですか？

   .................................................................................................................

6. 阿部さんが一番心配していることは何ですか？

   .................................................................................................................

## 填空练习

**本文で習った単語や言い方を使って以下の文を完成させなさい。**

1. A：一年四季，........................... 哪个季节去北京旅游最好？

   B：........................... 秋天去最好。不冷不热。

2. A：*网购*能买中国书吗？　　　　　　　　　　　　　　　＊ネットショッピング

   B：........................... 吧。听说阿部买过。

3. 我的*压岁钱*都存起来了。不到 ........................... 是不会用的。　　　　　＊お年玉

4. 我最担心的是（自由作文）...........................。

5. 手机方便是方便，........................... 关键时刻没电。

# 住宿
zhùsù

中国のホテルでチェックインの手続きをします。

(22)

阿 部：你好！ 我在你们饭店预订了一个房间。
Nǐ hǎo!　　Wǒ zài nǐmen fàndiàn yùdìngle yí ge fángjiān.

服务员：您贵姓？ 带证件了吗？
Nín guìxìng?　　Dài zhèngjiàn le ma?

阿 部：我叫阿部佳奈。 这是我们的护照。
Wǒ jiào Ābù Jiānài.　　Zhè shì wǒmen de hùzhào.

服务员：谢谢。 你们订的是一间双人房。 住两个晚上。 是吧？
Xièxie.　　Nǐmen dìng de shì yì jiān shuāngrénfáng. Zhù liǎng ge Wǎnshang. shì ba?

阿 部：是的。 第三天上午离开。
Shì de.　　Dì-sān tiān shàngwǔ líkāi.

服务员：请填一张入住登记表。
Qǐng tián yì zhāng rùzhù dēngjìbiǎo.

需要复印一下你们的护照， 可以吗？
Xūyào fùyìn yíxià nǐmen de hùzhào,　　kěyǐ ma?

阿 部：可以。 登记表填好了， 请你看一下。
Kěyǐ.　　Dēngjìbiǎo tiánhǎo le,　　qǐng nǐ kàn yíxià.

这样填， 对不对？
Zhèyàng tián,　　duì bu duì?

服务员：对。 你们的房间是1216号。 这是房卡， 请保管好。
Duì.　　Nǐmen de fángjiān shì 1216 hào.　　Zhè shì fángkǎ,　　qǐng bǎoguǎnhǎo.

阿 部：谢谢。 早餐几点开始？
Xièxie.　　Zǎocān jǐ diǎn kāishǐ?

服务员：早餐时间是6点到9点之间。 请在一楼餐厅用餐。
Zǎocān shíjiān shì 6 diǎn dào 9 diǎn zhījiān.　　Qǐng zài yī lóu cāntīng yòngcān.

阿　部：房间里有 Wi-Fi 吗？
Fángjiānli yǒu Wi-Fi ma?

服务员：有。这是用户名和密码。
Yǒu.　Zhè shì yònghùmíng hé mìmǎ.

阿　部：谢谢。退房手续要在12点以前办理，对吗？
Xièxie.　Tuìfáng shǒuxù yào zài 12 diǎn yǐqián bànlǐ,　duì ma?

服务员：对。过时会收费，18点以后会加收一天的费用。
Duì.　Guòshí huì shōufèi,　18 diǎn yǐhòu huì jiāshōu yì tiān de fèiyòng.

阿　部：知道了。谢谢。
Zhīdao le.　Xièxie.

服务员 B：小姐，电梯在这边。这边请。
Xiǎojiě,　diàntī zài zhèbiān.　Zhèbiān qǐng.

| 生词 | | | | | |
|---|---|---|---|---|---|
| 1 | 住宿 | zhùsù | 泊まる、宿泊する | | |
| 2 | 预订 | yùdìng | 予約する、（商品を）注文する | | |
| 3 | 证件 | zhèngjiàn | 身分証、証明書類 | | |
| 4 | 双人房 | shuāngrénfáng | ツインルーム | | |
| 5 | 入住 | rùzhù | チェックイン、宿泊する、入居する | | |
| 6 | 登记表 | dēngjìbiǎo | 記入表、登録用紙 | | |
| 7 | 需要 | xūyào | 必要、必要とする、〜しなければならない | | |
| 8 | 复印 | fùyìn | コピーする | | |

| 9 | 房卡 | fáng kǎ | ルームカードキー |
|---|---|---|---|
| 10 | 保管 | bǎoguǎn | 保管する |
| 11 | 用餐 | yòngcān | 食事をする |
| 12 | 用户名 | yònghùmíng | ユーザー名 |
| 13 | 密码 | mìmǎ | パスワード |
| 14 | 退房 | tuìfáng | チェックアウトする |
| 15 | 过时 | guòshí | 規定の時刻を過ぎる、流行遅れになる |
| 16 | 电梯 | diàntī | エレベーター、エスカレーター |

补充词语 🎧 24

☐ 确认 quèrèn：確認する ☐ 签合同 qiān hétong：契約を結ぶ

☐ 超重 chāozhòng：重量オーバー ☐ 限制 xiànzhì：制限する、制約 ☐ 以上 yǐshàng：～以上

## 替换练习

1 「～をする必要がある。/ ～しなければならない。」と言うときに使う。

需要　复印一下你们的护照。

▶
填一张登记表
打电话确认一下
签一个合同

2 時間や数量など数字が入る表現で「～から…の間だ。」と言うときに使う。

早餐时间是　　　　　　　6点到9点　之间。

▶
他的年纪大约在
每天工作的时间是
今天参加活动的人数在

▶
35岁到40岁
5个小时到7个小时
320人到350人

3 「～の場合は有料になる。」と言うときに使う。

过时　会收费。

▶
行李超重
超过限制
3人以上

## 🗨 問答練習

本文の内容に基づいて次の問いを中国語に訳し、中国語で答えなさい。

1. 宿泊の手続きをするときに何が必要ですか？

   ................................................................................

2. 阿部さんたちはどういう部屋を予約しましたか？
   何泊しますか？

   ................................................................................

3. 阿部さんたちの部屋は何号室ですか？

   ................................................................................

4. そのホテルは朝ごはんの時間はいつですか？

   ................................................................................

5. そのホテルのWi-Fiを使うには何が必要ですか？

   ................................................................................

6. チェックアウトの時間は18時を過ぎたらどうなりますか？

   ................................................................................

## 📖 填空練習

本文で習った単語や言い方を使って以下の文を完成させなさい。

1. 去外国旅游时护照和贵重物品一定要................................。

2. *启动电脑*时需要输入.................和.................。　　＊パソコンにログインする

3. *积分卡*内的积分要早点儿用掉。.................无效，应该注意。　＊ポイントカード

4. 银行的*窗口*业务是9点.................3点.................。　　＊窓口サービス

5. 买*月票*.................看学生证。　　＊定期券

6. A：别进去！那里危险。

   B：................................谢谢！

# 在北方菜馆儿
zài běifāng càiguǎnr

中国北部料理のレストランにて。

服务员：欢迎光临！你们预订了吗？
Huānyíng guānglín! Nǐmen yùdìng le ma?

阿 部：没预订。有座位吗？
Méi yùdìng. Yǒu zuòwèi ma?

服务员：正好靠窗那儿有两个。这边请。这是菜单。
Zhènghǎo kào chuāng nàr yǒu liǎng ge. Zhèbiān qǐng. Zhè shì càidān.

阿 部：种类好多！点什么好呢？
Zhǒnglèi hǎo duō! Diǎn shénme hǎo ne?

服务员：那先来一个凉菜吧。清淡可口。
Nà xiān lái yí ge liángcài ba. Qīngdàn kěkǒu.

阿 部：好的。再要一个"地三鲜"。
Hǎo de. Zài yào yí ge "dìsānxiān".

　　　　还有...你有什么推荐的吗？
Háiyǒu...nǐ yǒu shénme tuījiàn de ma?

服务员：我们的"锅包肉"、"鸡肉炖蘑菇"都很有人气。
Wǒmen de "guōbāoròu"、 "jīròu dùn mógu" dōu hěn yǒu rénqì.

阿 部：那要一个"鸡肉炖蘑菇"吧。
Nà yào yí ge "jīròu dùn mógu" ba.

服务员：这是东北名菜。你们可以要一个小盘儿的。
Zhè shì Dōngběi míngcài. Nǐmen kěyǐ yào yí ge xiǎo pánr de.

阿 部：好。谢谢你推荐。
Hǎo. Xièxie nǐ tuījiàn.

服务员：水饺要不要？
Shuǐjiǎo yào bu yào?

阿 部：水饺可得吃。怎么点啊？
Shuǐjiǎo kě děi chī.　　Zěnme diǎn a?

服务员：1两6个。
1 liǎng 6 ge.

阿 部：要2两猪肉酸菜的。再要两碗米饭、一壶茉莉花茶。
Yào 2 liǎng zhūròu suāncài de.　　Zài yào liǎng wǎn mǐfàn、　yì hú mòlìhuāchá.

好了，就这些吧。
Hǎo le,　　jiù zhèxiē ba.

服务员：谢谢！请稍等片刻。
Xièxie!　　Qǐng shāo děng piànkè.

## 生词 🎧26

| | | | | | | | |
|---|---|---|---|---|---|---|---|
| 1 | 座位 | zuòwèi | 座席、席 | 9 | 小盘儿 | xiǎopánr | 小皿 |
| 2 | 靠窗 | kàochuāng | 窓際、窓側 | 10 | 猪肉 | zhūròu | 豚肉 |
| 3 | 菜单 | càidān | メニュー、献立表 | 11 | 酸菜 | suāncài | 発酵させて酸っぱくさせた白菜の漬物 |
| 4 | 凉菜 | liángcài | 前菜、サラダ | 12 | 两 | liǎng | 重さの単位 1両＝50グラム |
| 5 | 清淡可口 | qīngdàn kěkǒu | あっさりして口に合う | 13 | 壶 | hú | つぼ、急須。つぼに入った液体を数える |
| 6 | 地三鲜 | dìsānxiān | 北方料理 | 14 | 茉莉花茶 | mòlìhuāchá | ジャスミン茶 |
| 7 | 锅包肉 | guōbāoròu | 北方料理 | 15 | 就这些 | jiù zhèxiē | 以上で終わり |
| 8 | 鸡肉炖蘑菇 | jīròu dùn mógu | 北方料理 | 16 | 稍等片刻 | shāo děng piànkè | 少々お待ちください |

## 补充词语 27

□复习 fùxí：復習する　　　□认真 rènzhēn：まじめに、まじめである

## 替换练习

1. ちょうど都合の良い事態になったときに使う。

**正好** 靠窗那儿有两个座位。

▶
电车来了。
今天我有时间。
还有一个房间。

2. 話題になっている事柄に対して「**必ず〜をしなくてはならない。**」を強調したいときに使う。

水饺 **可得** 吃。

▶
作业
考试
结婚
▶
认真做
参加
好好考虑考虑

3. 話の流れでとりあえずある事態や状態にしようと決めるときに使う。「**はい、〜にしましょう。**」

好，**就** 这些 **吧**。

▶
复习到这儿
买这么多
要这几本

**本文の内容に基づいて次の問いを中国語に訳し、中国語で答えなさい。**

1. 阿部さんはどういうレストランを選びましたか？

_____

2. 阿部さんたちが行ったレストランはお客さんが多いと思いますか？
   なぜですか？

_____

3. ウェイターは何の料理を薦めましたか？

_____

4. 「鶏肉炖蘑菇」はどんな料理ですか？

_____

5. ２両の水餃子は何個ですか？

_____

6. あなたは「锅包肉」という料理を聞いたことがありますか？

_____


填 空 练 习

**本文で習った単語や言い方を使って以下の文を完成させなさい。**

1. 我想看中文电影。你有_____的吗？

2. A：星期五的中文卡拉 OK 大会，伊藤和阿部一起唱中文歌，你去看吗？

   B：那_____去看。我得去给她们捧场。　　　　　　＊声援を送る、褒めそやす。

3. 第一次参加这样的派对。穿_____呢？　　　　　　＊パーティー

4. 我每天早上起来以后_____吃饭_____化妆。

5. A：听说"鱼香肉丝"是四川_____。是吗？

   B：是的。虽然名字叫"鱼香肉丝"，但是菜里没有鱼。

# 在医院
zài yīyuàn

王剛さんはブレイブボードで遊んでいる時に転んで骨折しました。入院中に阿部さんと伊藤さんがお見舞いに来ました。

（28）

王刚：　噢！你们来了！
Ō! Nǐmen lái le!

伊藤：　听说你骨折了，都很担心你！
Tīngshuō nǐ gǔzhé le, dōu hěn dānxīn nǐ!

阿部：　这是大家给你买的水果和鲜花。
Zhè shì dàjiā gěi nǐ mǎi de shuǐguǒ hé xiānhuā.

王刚：　谢谢你们！真不好意思，让你们破费了。
Xièxie nǐmen! Zhēn bù hǎoyìsi, ràng nǐmen pòfèi le.

阿部：　哪里哪里。你的腿好些了吗？
Nǎlǐ nǎlǐ. Nǐ de tuǐ hǎo xiē le ma?

王刚：　现在好多了。刚摔的时候差点儿没疼死我。
Xiànzài hǎo duō le. Gāng shuāi de shíhou chàdiǎnr méi téngsǐ wǒ.

阿部：　什么时候做手术？
Shénme shíhou zuò shǒushù?

王刚：　明天下午。今天做了各项检查。
Míngtiān xiàwǔ. Jīntiān zuòle gè xiàng jiǎnchá.

伊藤：　不用害怕。这家医院的医生是很有名的。
Bú yòng hàipà. Zhè jiā yīyuàn de yīshēng shì hěn yǒumíng de.

阿部：　要住几天院呢？
Yào zhù jǐ tiān yuàn ne?

王刚：　据说大约两个星期。
Jùshuō dàyuē liǎng ge xīngqī.

多亏能上网课，要不然学习就跟不上了。
Duōkuī néng shàng wǎngkè, yàoburán xuéxí jiù gēnbushàng le.

伊藤： **对了，你要的小说我给你带来了。**
Duìle, nǐ yào de xiǎoshuō wǒ gěi nǐ dàilai le.

王刚： **太好了。这回可有时间看小说了。**
Tài hǎo le. Zhè huí kě yǒu shíjiān kàn xiǎoshuō le.

阿部： **不过也要好好儿休息啊。**
Búguò yě yào hǎohāor xiūxi a.

王刚： **好的。请代我向大家表示感谢。**
Hǎo de. Qǐng dài wǒ xiàng dàjiā biǎoshì gǎnxiè.

伊藤： **好。那周末我们再来看你。祝你手术成功！**
Hǎo. Nà zhōumò wǒmen zài lái kàn nǐ. Zhù nǐ shǒushù chénggōng!

## 生词 🎧29

| | | | |
|---|---|---|---|
| 1 | 医院 | yīyuàn | 病院 |
| 2 | 骨折 | gǔzhé | 骨折する |
| 3 | 鲜花 | xiānhuā | 生花、花 |
| 4 | 破费 | pòfèi | （お金や時間を）使う、費やす |
| 5 | 腿 | tuǐ | 足、くるぶしから足のつけ根までの部分 |
| 6 | 摔 | shuāi | 倒れる、転ぶ、落下する、投げ捨てる |
| 7 | 差点儿 | chàdiǎnr | もう少しで、危うく |
| 8 | 疼 | téng | 痛い、痛む |
| 9 | 手术 | shǒushù | 手術、手術する |
| 10 | 各项 | gè xiàng | 各項目 |
| 11 | 检查 | jiǎnchá | 検査する |
| 12 | 医生 | yīshēng | 医者 |
| 13 | 住院 | zhùyuàn | 入院する |
| 14 | 多亏 | duōkuī | ～のお陰で（ある） |
| 15 | 网课 | wǎngkè | オンライン授業 |
| 16 | 要不然 | yàoburán | でなければ～ |
| 17 | 跟不上 | gēnbushàng | ついていけない、追いつけない |
| 18 | 这回 | zhè huí | 今回、これで～ |

## 补充词语 🎧30

☐ 急 jí：焦る、苛立つ　　☐ 打架 dǎjià：喧嘩する　　☐ 吓 xià：驚く、驚かせる

☐ 气 qì：憤る、怒る　　☐ 提醒 tíxǐng：気づかせる　　☐ 撞 zhuàng：ぶつかる、ぶつける

第 **10** 课

🔀 替 换 练 习

1 「～のときに、ものすごく～だった、～するところだった」と誇張的に言うときに使う。

刚摔　的时候差点儿没　疼死我。

▶
| 昨天电车晚点 |
| 看他们打架 |
| 听说这件事 |

▶
| 急死 |
| 吓死 |
| 气死 |

2 「幸い～で良かった、でなければ～になってしまっている。」～のお陰で、後半の悪い事態が避けられたことを言うときに使う。

多亏　能上网课，要不然　学习就跟不上了。

▶
| 你提醒我 |
| 他帮助我 |
| 你拉了我一把 |

▶
| 我就忘了 |
| 这个工作今天就完不成了 |
| 我就撞到自行车上了 |

3 ある出来事によって、「これで～ができるようになった／ある事態になった。」というときに使う。

这回可　有时间看小说　了。

▶
| 有钱去旅游 |
| 有事情做 |
| 没有人能帮你 |

## 问答练习

**本文の内容に基づいて次の問いを中国語に訳し、中国語で答えなさい。**

1. 王剛さんはどうしましたか？

2. 伊藤さんと阿部さんは何を持って王剛さんのお見舞いに行きましたか？

3. 王剛さんは入院中に授業を受けることはできますか？

4. なぜ伊藤さんは王剛さんに小説を持って行ったのですか？

5. 手術する前に何をしましたか？

6. 王剛さんはいつ退院できそうですか？

## 填空练习

**本文で習った単語や言い方を使って以下の文を完成させなさい。**

1. 听说你感冒了。现在＿＿＿＿＿＿＿＿了吗？

2. A：去年我去台湾时，到了成田机场才发现没带护照。＿＿＿＿＿＿＿没急死我。

   B：你赶上飞机了吗？

   A：赶上了。＿＿＿＿＿＿＿我妈及时给我送来了，＿＿＿＿＿＿＿就去不成了。

3. A：*新冠病毒*流行期间一直没去唱卡拉 OK。　　　　　　　　＊新型コロナウィルス

   B：是啊。＿＿＿＿＿＿＿你可以尽情唱了。　　　　　　　　＊思い切って～する

4. A：大家请入座，今天我做东。　　　　　　　　　　　　　　＊ご馳走をする

   B：哎呀，那真不好意思，＿＿＿＿＿＿＿＿＿＿＿。

# 在迪士尼乐园
zài Díshìní Lèyuán

ディズニーランドにて。

31

阿部： **人可真多啊！**
Rén kě zhēn duō a!

伊藤： **现在是秋天，不冷不热，正是出来玩儿的好时候嘛。**
Xiànzài shì qiūtiān, bù lěng bú rè, zhèng shì chūlai wánr de hǎo shíhou ma.

阿部： **咱们先买个米妮发箍戴上吧。**
Zánmen xiān mǎi ge Mǐní fàgū dàishàng ba.

伊藤： **好。你看，米妮正好在那儿呢。咱们跟她来个合影吧。**
Hǎo. Nǐ kàn, Mǐní zhènghǎo zài nàr ne. Zánmen gēn tā lái ge héyǐng ba.

阿部： **现在人还不多。快去！一…二—茄子！**
Xiànzài rén hái bù duō. Kuài qù! Yī … èr — qiézi!

伊藤： **真开心！欸，咱们先去哪儿好？**
Zhēn kāixīn! Éi, zánmen xiān qù nǎr hǎo?

阿部： **先去灰姑娘城堡，然后去"小小世界"。怎么样？**
Xiān qù Huīgūniang Chéngbǎo, ránhòu qù "Xiǎoxiǎo Shìjiè". Zěnmeyàng?

伊藤： **好啊，我想坐过山车、海盗船、旋转木马、**
Hǎo a, wǒ xiǎng zuò guòshānchē、 hǎidàochuán、 xuánzhuǎn mùmǎ、

**太空山…**
tàikōngshān …

阿部： **嗬！说得还挺顺口的。**
Hē! Shuōde hái tǐng shùnkǒu de.

伊藤： **花车游行也一定要看啊。**
Huāchē yóuxíng yě yídìng yào kàn a.

阿部： **那当然！对了，你不是喜欢吃爆米花吗？买不买？**
Nà dāngrán! Duìle, nǐ bú shì xǐhuan chī bàomǐhuā ma? Mǎi bu mǎi?

伊藤： 那还用说？ 买！ 一边吃一边玩儿。
Nà hái yòng shuō?　Mǎi!　Yìbiān chī yìbiān wánr.

阿部： 感觉好像回到了初中时代！
Gǎnjué hǎoxiàng huídàole chūzhōng shídài!

伊藤： 是啊，在这里可以忘掉年龄、忘掉烦恼，尽情欢乐。
Shì a,　zài zhèli kěyǐ wàngdiào niánlíng、　wàngdiào fánnǎo,　jìnqíng huānlè.

阿部： 这就是迪士尼的魅力呀！
Zhè jiù shì Díshìní de mèilì ya!

阿部、伊藤： ♫世界真是小小小♬小得非常妙妙妙♪
Shìjiè zhēn shì xiǎo xiǎo xiǎo　xiǎode fēicháng miào miào miào

## 生词 32

| | | | |
|---|---|---|---|
| 1 | 迪士尼乐园 | Díshìní Lèyuán | ディズニーランド |
| 2 | 米妮 | Mǐní (Mǐnī) | ミニー |
| 3 | 发箍 | fàgū | ヘアバンド |
| 4 | 戴 | dài | （帽子などを）被る、（メガネなどを）掛ける、アクセサリーを身につける |
| 5 | 合影 | héyǐng | 集合写真 |
| 6 | 灰姑娘城堡 | Huīgūniang Chéngbǎo | シンデレラ城 |
| 7 | 世界 | shìjiè | 世界、ワールド |
| 8 | 过山车 | guòshānchē | ジェットコースター |
| 9 | 海盗船 | hǎidàochuán | 海賊船 |
| 10 | 旋转木马 | xuánzhuǎn mùmǎ | メリーゴーランド |
| 11 | 太空山 | tàikōngshān | スペースマウンテン |
| 12 | 顺口 | shùnkǒu | 語呂がよい、口から出まかせに |
| 13 | 花车游行 | huāchē yóuxíng | パレード |
| 14 | 爆米花 | bàomǐhuā | ポップコーン |
| 15 | 忘掉 | wàngdiào | 忘れ去る |
| 16 | 年龄 | niánlíng | 年齢、年 |
| 17 | 烦恼 | fánnǎo | 悩み煩う、思い悩む |
| 18 | 尽情欢乐 | jìnqíng huānlè | 思いっきり楽しむ |
| 19 | 魅力 | mèilì | 魅力 |

□电子游戏 diànzǐ yóuxì：電子ゲーム　　□超人 chāorén：スーパーマン

## 🔀 替换 练习

1 「～するのが（意外に）結構～だね。」目上の人には失礼な言い方。

说　得　**还挺**　順口　**的**。

▶ | 游<br>做<br>唱 |　▶ | 快<br>不错<br>好听 |

2 すでに知っている事柄を「不是～吗?」という形で話題に取り上げ、話を進めるときに使う。

你**不是**喜欢　吃爆米花　**吗**?

▶ | 看中国电影<br>一个人去旅游<br>玩儿电子游戏 |

3 「まるで～のようだ。」ある出来事を体験した後の感想を言うときに使う。

感觉**好像**　回到了初中时代！

▶ | 年轻了很多<br>飞起来了<br>变成了超人 |

# ♪ 小小世界 ♪

大家常欢笑眼泪不会掉
dàjiā cháng huānxiào yǎnlèi búhuì diào

常怀希望不必心惊跳
cháng huái xīwàng bú bì xīn jīngtiào

让我们同欢笑这个小世界
ràng wǒmen tóng huānxiào zhège xiǎo shìjiè

小小人间多美妙
xiǎo xiǎo rénjiān duō měimiào

✳世界真是小小小
shìjiè zhēn shì xiǎo xiǎo xiǎo

小得非常妙妙妙
xiǎode fēicháng miào miào miào

这是一个小世界，小得真美妙
zhè shì yí ge xiǎo shìjiè, xiǎode zhēn měimiào

看那阳光照看那月儿耀
kàn nà yángguāng zhào kàn nà yuè'ér yào

良朋同欢乐相依相微笑
liángpéng tóng huānlè xiāng yī xiāng wēixiào

任何人多甜蜜心里喜长照
rènhé rén duō tiánmì xīnli xǐ cháng zhào

小小人间多美妙
xiǎo xiǎo rénjiān duō měimiào

《世界小小小》 https://zhidao.baidu.com/question/535950977.html

# 谈理想
tán lǐxiǎng

> 三人は将来の夢について語り合います。

34

阿部： **天气越来越冷了！**
Tiānqì yuèláiyuè lěng le!

王刚： **是啊，天气预报说今天要达到零度呢。**
Shì a, tiānqì yùbào shuō jīntiān yào dádào líng dù ne.

阿部： **我觉得冷点儿倒没什么，只要不得流感或新冠肺炎**
Wǒ juéde lěng diǎnr dào méi shénme, zhǐyào bù dé liúgǎn huò xīnguān fèiyán

**就行。**
jiù xíng.

伊藤： **阿部，你妈妈是医生，这段时间工作一定很忙吧。**
Ābù, nǐ māma shì yīshēng, zhè duàn shíjiān gōngzuò yídìng hěn máng ba.

阿部： **嗯。为了让她多休息，每天的晚饭都是我做。**
Ng. Wèile ràng tā duō xiūxi, měitiān de wǎnfàn dōu shì wǒ zuò.

王刚： **你真了不起。**
Nǐ zhēn liǎobuqǐ.

阿部： **没办法啊。对了，你们将来想做什么工作？**
Méi bànfǎ a. Duìle, nǐmen jiānglái xiǎng zuò shénme gōngzuò?

伊藤： **我想在机场工作。**
Wǒ xiǎng zài jīchǎng gōngzuò.

王刚： **怪不得你那么喜欢飞机。**
Guàibude nǐ nàme xǐhuan fēijī.

阿部： **她是一个飞机迷。**
Tā shì yí ge fēijī mí.

**看一眼就知道那架飞机是哪家公司制造的。**
Kàn yì yǎn jiù zhīdào nà jià fēijī shì nǎ jiā gōngsī zhìzào de.

伊藤： 我很美慕机场工作人员。王刚，你呢？
Wǒ hěn xiànmù jīchǎng gōngzuò rényuán. Wáng Gāng, nǐ ne?

王刚： 我想做外贸方面的工作。但愿能找到。
Wǒ xiǎng zuò wàimào fāngmiàn de gōngzuò. Dànyuàn néng zhǎodào.

伊藤： 你日语、英语都很好，你的理想一定能实现。
Nǐ Rìyǔ、 Yīngyǔ dōu hěn hǎo, nǐ de lǐxiǎng yídìng néng shíxiàn.

王刚： 尽量努力吧。阿部呢？
Jǐnliàng nǔlì ba. Ābù ne?

阿部： 我嘛…，我没什么理想，能当个家庭主妇就行了。
Wǒ ma…, Wǒ méi shénme lǐxiǎng, néng dāng ge jiātíng zhǔfù jiù xíng le.

伊藤： 哈哈哈…，以后家庭主妇就是贵妇人。
Hāhāhā…, yǐhòu jiātíng zhǔfù jiù shì guìfùrén.

## 生词 🎧35

| | | | | | | |
|---|---|---|---|---|---|---|
| 1 | 谈 | tán | 話す、話し合う、語る | 9 | 飞机 | fēijī | 飛行機 |
| 2 | 理想 | lǐxiǎng | 夢、理想 | 10 | ～迷 | ～mí | ～ファン、マニア |
| 3 | 倒 | dào | 譲歩を表す。～だけれど（「ただ～」が続く） | 11 | 实现 | shíxiàn | 実現、達成する |
| 4 | 得 | dé | 病気にかかる | 12 | 外贸 | wàimào | （对外贸易の略）、国際貿易 |
| 5 | 流感 | liúgǎn | インフルエンザ | 13 | 但愿 | dànyuàn | ～と願う、願わくは～であってほしい |
| 6 | 新冠肺炎 | xīnguān fèiyán | 新型コロナウィルス性肺炎 | 14 | 尽量 | jǐnliàng | できるだけ、できる限り |
| 7 | 将来 | jiānglái | 将来、未来 | 15 | 贵妇人 | guìfùrén | 貴婦人 |
| 8 | 机场 | jīchǎng | 空港 | | | | |

□ 死记硬背 sǐjì yìngbèi：ひたすら暗記すること　　□ 偶尔 ǒuěr：たまに、ときたま

□ 房子 fángzi：家、住宅　　　　　　　　　　　　□ 拼命 pīnmìng：一生懸命に

□ 电视剧 diànshìjù：テレビドラマ


## 替换练习

1　「〜はまだ大したことではないが、〜だけすれば／できれば良いのだ。」結構重要な事柄に対しあえて軽く言ううえで、譲れない1点を強調しておくときに使う。

我觉得　冷点儿　**倒没什么，只要**　不得流感和新冠肺炎　**就行**。

> 累点儿
> 记生词
> 偶尔写错字

> 大家都开心
> 死记硬背。
> 语法不错


2　「〜のために〜をする。」目的とそれを達成するための行動を一緒に言うときに使う。

**为了**　让她多休息，　　　　每天的晚饭都是我做。

> 买房子
> 学好汉语
> 将来生活得更好

> 父母拼命工作
> 她每天看中文的电视剧
> 现在就应该努力


3　「〜なら良いが。」と祈る気持ちで言うときに使う。

**但愿**　能找到。

> 她还记得我
> 能取得好成绩
> 明年能去上海留学

## 問答練習

本文の内容に基づいて次の問いを中国語に訳し、中国語で答えなさい。

1. 今は何の季節ですか？

2. この季節は何が怖いですか？

3. 阿部さんのお母さんは何の仕事をしていますか？

4. 伊藤さんはどこで仕事をしたいと言っていますか？

5. 国際貿易の仕事につくにはどんな能力が必要ですか？

6. 阿部さんは専業主婦になるために毎日晩ご飯を作っていると思いますか？

## 填空練習

本文で習った単語や言い方を使って以下の文を完成させなさい。

1. 伊藤＿＿＿＿＿＿去留学，打工存了不少钱。

2. 女大十八变！阿部＿＿＿＿＿＿漂亮了。　　　　※若い女性が成長すると様々に変化する

3. A：听说小明和小李谈恋爱了。

   B：＿＿＿＿＿＿最近找小李玩儿时她总说没时间。

   C：＿＿＿＿＿＿他们俩以后美满幸福。

4. 工作累点儿＿＿＿＿＿＿，只要开心就行。

5. 下个星期的 HSK 五级考试，不管结果怎么样，＿＿＿＿＿＿努力吧。

# 提前回国
tíqián huíguó

予定より早く帰国する王剛さんとはもうお別れです。

37

伊藤： 明天就开始放寒假了。可以回老家喽！
Míngtiān jiù kāishǐ fàng hánjià le. Kěyǐ huí lǎojiā lou!

王刚： 是啊，时间过得真快。
Shì a, shíjiān guòde zhēn kuài.

唉呀，我忘了跟你们说了，我过了年3号回国。
Āi yā, wǒ wàngle gēn nǐmen shuō le, wǒ guòle nián 3 hào huíguó.

阿部： 真的吗？我记得你以前说一月末回国呀？
Zhēnde ma? Wǒ jìde nǐ yǐqián shuō yī yuè mò huíguó ya?

王刚： 是的。但是我哥哥结婚，我要参加他的婚礼。
Shì de. Dànshì wǒ gēge jiéhūn, wǒ yào cānjiā tā de hūnlǐ.

所以得提前回国。
Suǒyǐ děi tíqián huíguó.

伊藤： 是这样啊。那，我不能去机场为你送行了。
Shì zhèyàng a. Nà, wǒ bù néng qù jīchǎng wèi nǐ sòngxíng le.

王刚： 没关系。去机场坐飞机我还是没问题的！
Méi guānxi. Qù jīchǎng zuò fēijī wǒ háishì méi wèntí de!

阿部： 我可以去送你。你行李都准备好了吗？
Wǒ kěyǐ qù sòng nǐ. Nǐ xíngli dōu zhǔnbèihǎo le ma?

王刚： 没什么要准备的。再说，还有一个星期呢。
Méi shénme yào zhǔnbèi de. Zàishuō, hái yǒu yí ge xīngqī ne.

我想好好儿体验一下日本的新年。
Wǒ xiǎng hǎohāor tǐyàn yíxià Rìběn de xīnnián.

伊藤： 新年是人们最重视的节日，一定能看到很多
Xīnnián shì rénmen zuì zhòngshì de jiérì, yídìng néng kàndào hěn duō

平时看不到的风俗文化。
píngshí kànbudào de fēngsú wénhuà.

王刚： 我也是这么想的。 我觉得你们也应该去中国体验
Wǒ yě shì zhème xiǎng de. Wǒ juéde nǐmen yě yīnggāi qù Zhōngguó tǐyàn

一下春节的气氛。
yíxià Chūnjié de qìfen.

阿部： 我打算明年去留学。 那时可以在中国过春节。
Wǒ dǎsuàn míngnián qù liúxué. Nàshí kěyǐ zài Zhōngguó guò Chūnjié.

伊藤： 那， 我那个时候去中国旅游， 去找你们。
Nà, wǒ nàge shíhou qù Zhōngguó lǚyóu, qù zhǎo nǐmen.

王刚： 那太好了。 过春节越热闹越好。
Nà tài hǎo le. Guò Chūnjié yuè rènao yuè hǎo.

阿部： 王刚，这一年来你对我们的帮助很大， 谢谢你！
Wáng Gāng, zhè yì niánlái nǐ duì wǒmen de bāngzhù hěn dà, xièxie nǐ!

王刚： 哪里哪里， 和你们一起学习， 我的留学生活过得也
Nǎlǐ nǎlǐ, hé nǐmen yìqǐ xuéxí, wǒ de liúxué shēnghuó guòde yě

非常有意义。我永远也不会忘记这段宝贵的经历。
fēicháng yǒu yìyì. Wǒ yǒngyuǎn yě bú huì wàngjì zhè duàn bǎoguì de jīnglì.

伊藤： 这是咱们共同的经历。 期待以后在中国见面。
Zhè shì zánmen gòngtóng de jīnglì. Qīdài yǐhòu zài Zhōngguó jiànmiàn.

祝你新年愉快！ 旅途顺利！
Zhù nǐ xīnnián yúkuài! Lǚtú shùnlì!

生词

| 1 | 提前 | tíqián | （予定の期限より）繰り上げる |
|---|---|---|---|
| 2 | 寒假 | hánjià | 冬休み |
| 3 | 喽 | lou | 語気（相手の注意を促す時などに使う） |
| 4 | 婚礼 | hūnlǐ | 結婚式 |
| 5 | 送行 | sòngxíng | 見送り、見送る |
| 6 | 行李 | xíngli | 荷物 |
| 7 | 再说 | zàishuō | その上、それに、もう一つには |
| 8 | 体验 | tǐyàn | 体験、体験する |
| 9 | 重视 | zhòngshì | 重視、重視する |
| 10 | 风俗文化 | fēngsú wénhuà | 風習と文化 |
| 11 | 春节 | Chūnjié | 春節、旧暦の元旦 |
| 12 | 气氛 | qìfen | 雰囲気 |
| 13 | 宝贵 | bǎoguì | 貴重である、大切である |
| 14 | 经历 | jīnglì | 経験する、体験する |
| 15 | 共同 | gòngtóng | 共同の、共通の |
| 16 | 旅途 | lǚtú | 旅行の途中、道中 |
| 17 | 顺利 | shùnlì | 物事が順調に運ぶ、すらすらとはかどる |

 补充词语

□ 咖喱 gālí：カレー
□ 足够 zúgòu：足りる、充分である
□ 原因 yuányīn：原因

□ 饭团儿 fàntuánr：おにぎり
□ 失败 shībài：失敗する、敗北する
□ 价格 jiàgé：価格、値段

🔀 替换 练习

1 「**強いて言えば可能な範囲内だ。**」という意味合いで使う表現。

去机场坐飞机， 我 **还是** 没问题 **的**。

▶ | 用中文做自我介绍，<br>我别的菜做不了，<br>500日元买两个饭团儿， | ▶ | 我<br>咖喱<br>钱 | ▶ | 可以<br>会做<br>足够 |
|---|---|---|---|---|---|

2 説明や弁明で、更にもう一つの理由を追加するときに使う。話し言葉。「**しかも～**」

没什么要准备的。 **再说**，还有一个星期呢。

▶ | 这次小小的失败不要紧。<br>听说那个电影没什么意思。<br>我觉得这件上衣颜色不太好， | ▶ | 也不是你一个人的原因。<br>我也没有时间，所以不想去看了。<br>价格也很贵，还是别买了。 |
|---|---|---|

3 物事について、「**～すればするほど～だ。**」と述べるときに使う。

过春节 **越** 热闹 **越** 好。

▶ | 伊藤<br>王刚的日语<br>阿部说："汉语 | ▶ | 长<br>说<br>学 | ▶ | 漂亮<br>流利<br>有意思" |
|---|---|---|---|---|---|

## 问答练习

本文の内容に基づいて次の問いを中国語に訳し、中国語で答えなさい。

1. いつから冬休みになりますか。

2. 王剛さんはいつ帰国しますか。もともとそうなっていましたか。

3. 王剛さんはどうして帰国を早めるのですか。

4. 伊藤さんはなぜ王剛さんを見送りに行けないのですか。

5. 伊藤さんは、どういうときに中国に行くと考えていますか。

6. 阿部さんと王剛さん、伊藤さん三人は中国で会えると思いますか。

## 填空练习

本文で習った単語や言い方を使って以下の文を完成させなさい。

1. 真对不起，昨天我 _____ 给你发邮件了。

2. 你还 _____ 小学时的老师吗？

3. 学习语言要多听、多说、多看、多写，除此之外 _____ 好方法。

4. A：这次 HSK 5 级没考上。真遗憾！
   B：不要紧。HSK 考试的机会很多，_____，你有实力，下次一定能考上。

5. 我 _____ 也 _____ 忘记张老师对我的帮助和鼓励。　　*励まし、励ます

6. _____ 你们将来事业有成，生活幸福。　　*職業上の成功

# 生词表

※数字は初出の課を示す。補は补充词语。

**著　者**

青野　英美
　　神田外語大学アジア言語学科准教授

私たちの大学生活
―中国語、準中級から中級へ―

2023. 4. 10　初版発行
2024. 2. 1　初版第2刷発行

発行者　井　田　洋　二

発行所　〒101-0062　東京都千代田区神田駿河台3の7
　　　　電話　東京03（3291）1676　FAX 03（3291）1675
　　　　振替　00190-3-56669番
　　　　E-mail：edit@e-surugadai.com
　　　　URL：http://www.e-surugadai.com

株式会社　駿河台出版社

製版・印刷・製本　フォレスト

ISBN 978-4-411-03160-0 C1087　¥2500E